OEUVRE

DE

JEAN HOLBEIN

PREMIÈRE PARTIE

DE

TRIOMPHE DE LA MORT

La Vie de Holbein paroitra avec la IIde. partie de l'œuvre de ce fameux Peintre.

OEUVRE

DE

JEAN HOLBEIN

OU

RECUEIL DE GRAVURES

D'APRÈS SES PLUS BEAUX OUVRAGES,

ACCOMPAGNÉS

D'EXPLICATIONS HISTORIQUES ET CRITIQUES

ET

DE LA VIE DE CE FAMEUX PEINTRE,

PAR

CHRÊTIEN DE MECHEL,

GRAVEUR DE S. A. S. MONSEIGNEUR L'ÉLECTEUR PALATIN,

ET MEMBRE DE DIVERSES ACADÉMIES.

PREMIÈRE PARTIE

LE TRIOMPHE DE LA MORT.

À BASLE CHEZ L'AUTEUR,

MDCCLXXX.

Avec Privilège de LL. MM. II. & R. Apost. pour le St. Empire Romain & les Pays Héréditaires.

À SA MAJESTÉ

GEORGE III

ROI DE LA GRANDE BRETAGNE,

&c. &c. &c.

SIRE,

L'amour dont VOTRE MAJESTÉ honore les beaux Arts, & la protection qu'elle a daigné leur accorder en leur érigeant un Temple dans sa Capitale, doivent faire naître dans le cœur de tous ceux qui les professent la plus vive reconnoissance. Depuis long-tems, SIRE, je désirois avec ardeur l'occasion de rendre à VOTRE MAJESTÉ un hommage public de celle dont je suis pénétré; & de témoigner en même-tems ma vénération à la Nation respectable, qui dès la renaissance des Arts, a sû les attirer chez elle, & les y faire fleurir en les recompensant avec cette dignité qui la caractérise: & cette occasion si désirée, l'Ouvrage que je prens la liberté de mettre au pied du Trône de VOTRE MAJESTÉ vient enfin me l'offrir. En effet, SIRE, c'est à VOTRE MAJESTÉ qu'il semble particulièrement devoir être consacré, puisque c'est à un de ses Augustes Prédécesseurs, & à la Nation Angloise, que mon illustre compatriote Jean Holbein a dû sa gloire & sa fortune.

S'il pouvoit revenir à la lumière, avec quelle ſatisfaction ne me verroit-il pas partager ſa reconnoiſſance après un intervalle de pluſieurs ſiècles! Mais en m'acquittant de ce que j'ai cru devoir à la mémoire de ce grand Peintre, je n'ai fait que céder aux impulſions de mon cœur; & ce ſont les ſentimens dont mon foible hommage eſt accompagné, qui peuvent ſeuls me faire eſpérer que VOTRE MAJESTÉ daignera l'agréer.

Je ſuis avec un très-profond reſpect,

SIRE,

DE VOTRE MAJESTÉ

Bâle ce 1er. Décembre 1779.

Le très-humble & très-reſpectueux Serviteur

CHRÉTIEN DE MECHEL.

EXPLICATIONS DES SUJETS DU TRIOMPHE DE LA MORT

DE

JEAN HOLBEIN.

PLANCHE I.

N°. 1. LE FRONTISPICE. A côté d'une Table de pierre posée verticalement, Holbein paroît derrière un rideau que la Mort lui ouvre, pour mettre sous ses yeux le grand Spectacle des Scènes de la vie humaine qu'il va dessiner; ce qui est encore désigné par un amas d'attributs de la grandeur, des dignités, des richesses, d'arts, de sciences, entremêlés de têtes de morts, & que la Mort elle-même foule à ses pieds. On lit au bas cette épigraphe tirée de Lucain:

Mors sceptra ligonibus æquat.
La Mort confond le sceptre & la bêche.

Cette Table est surmontée d'un médaillon avec le Portrait de Holbein. Deux Génies soutiennent ce médaillon, l'un l'entoure d'une guirlande de fleurs, & l'autre laisse échapper un papillon, tandis qu'un troisième s'amuse à faire des bulles de savon. On sent assez ce que signifient ces deux allégories.

N°. 2. LE PÉCHÉ. Holbein a commencé ces Scènes de la vie par celle qui eut tant d'influence sur toutes les autres. La Mère du genre humain, tient dans sa main droite, la pomme fatale qu'elle vient de recevoir du serpent à tête de jeune homme, & Adam en cueille en même tems une autre, excité par les sollicitations de la trop crédule Eve, qui lui montre celle qu'elle a reçue.

N°. 3. LA PUNITION. Nos premiers Parens chassés par l'Ange, s'enfuyent du Paradis terrestre précédés de la Mort, qui joue de la guitare, & démontre en dansant la joie qu'elle ressent de son triomphe.

N°. 4. LA CONDAMNATION AU TRAVAIL. Holbein, pour marquer en même tems le genre de travail qui est le partage de l'homme, & celui qui est le partage de la femme, nous représente Adam occupé à déraciner un arbre, avec la Mort qui l'aide de toutes ses forces, & un peu plus loin, Eve allaitant son enfant & tenant une quenouille.

PLANCHE II.

N°. 5. Le Pape couronnant un Empereur. Un Cardinal & trois Évêques assistent à cette cérémonie; la Mort s'y trouve aussi sous la figure de deux squelettes, dont l'un est revêtu des habits de Cardinal; l'autre embrasse le St. Père de la main droite & s'appuie de la gauche sur une béquille.

N°. 6. Le Cardinal. Un messager vient de lui remettre, en faisant une génuflexion, la Bulle qui le fait Cardinal. La Mort saisit ce moment pour paroître, & semble vouloir lui faire tourner son Chapeau sur la tête. Le messager tient de la main gauche une boîte de fer-blanc, pendue à une courroie, & dans laquelle il avoit sans doute apporté la Bulle.

N°. 7. L'Électeur. Ce Prince sortant de son palais avec ses courtisans, est abordé par une pauvre femme qui implore son secours, pour elle & pour l'enfant qu'elle tient par la main; mais insensible aux besoins de la veuve & de l'orphelin, il refuse de l'écouter, & se tourne d'un air dédaigneux du côté de ses courtisans. La Mort paroît dans cet instant, & son air sévère annonce qu'elle va le faire répentir de sa dureté.

N°. 8. L'Évêque. D'un air de tranquillité & de résignation ce bon Pasteur suit la Mort, qui l'emmène en riant & en dansant, tandis que quelques bergers, oubliant leur troupeau, errent çà & là dans la campagne, désespérés de la perte de leur Chef. Le soleil prêt à se coucher, va laisser dans les ténèbres ce malheureux troupeau, qui n'ayant plus de conducteur, sera bientôt la proie du loup & des autres bêtes féroces.

PLANCHE III.

N°. 9. Le Chanoine. Au moment où il entre dans l'église, la Mort l'aborde, & en lui montrant un sable écoulé, lui annonce que son heure est venue. Il paroît que c'est un Dignitaire du premier rang, puisqu'il est suivi d'un Page, d'un Veneur qui porte un faucon sur le poing, & d'un Bouffon.

N°. 10. Le Frère Quêteur. Prêt à rentrer dans son couvent avec sa tire-lire & sa besace, la Mort l'arrête à la porte, & toute aussi sourde à ses cris, qu'insensible à l'effroi qu'elle lui cause, elle le tire de toutes ses forces par son capuchon, & rend impuissans les efforts du bon frère pour se dérober de ses mains.

N°. 11.

N°. 11. L'Abbé. La Mort non contente d'avoir arraché à ce gros Prélat ſa Croſſe, qu'elle porte en triomphe ſur ſon épaule, & ſa Mitre, dont elle s'eſt affublée, le tire encore impitoyablement après elle; il élève d'une main ſon bréviaire, & fait de l'autre de vains efforts pour la repouſſer.

N°. 12. L'Abbesse. La Mort ridiculement coiffée de diverſes plumes flottantes, & vêtue d'une eſpèce de mante, emmène hors de ſon Couvent une Abbeſſe qu'elle tire de toutes ſes forces par ſon ſcapulaire. La révérendiſſime Mère quitte à regret la vie & les honneurs dont elle jouit, & exprime par l'altération de ſes traits & par ſes cris, l'effroi que la Mort a jeté dans ſon ame. On voit derrière elle, ſous la porte de l'Abbaye, une jeune Nonne vivement agitée par la crainte & par la douleur.

Planche IV.

N°. 13. Le Prédicateur. Tandis qu'il prêche ſon auditoire, la Mort qui eſt derrière lui, une étole au cou, élève par-deſſus ſa tête un os de mort, & en le montrant à l'aſſemblée lui fait ſans doute le plus éloquent de tous les ſermons.

N°. 14. Le Prêtre. On le voit dans la rue porter le St. Sacrement à un moribond. La Mort marche devant lui, & porte la lanterne & la clochette. Il eſt ſuivi d'un garçon qui porte l'eau bénite & un cierge, & d'une jeune femme affligée qui paroît être venue le chercher.

N°. 15. Le Médecin. La Mort lui amène un vieillard malade dont elle lui préſente l'urine dans une phiole, & paroît lui dire d'un air moqueur; crois-tu pouvoir ſauver un homme que je tiens déjà en ma puiſſance?

N°. 16. L'Astrologue. Il a les yeux fixés ſur une ſphère ſuſpendue au plancher, & paroît profondément occupé des vaines chimères de l'Aſtrologie judiciaire, tandis que la Mort vient tourner ſon attention ſur une tête de mort, qu'elle lui préſente dans l'attitude la plus groteſque, & ſemble lui dire d'un ton railleur; ton art ſublime a-t-il pu t'apprendre que je viendrois te rendre aujourd'hui cette viſite?

PLANCHE V.

N°. 17. L'EMPEREUR. Affis fur fon Trône & tenant dans fa main le glaive de l'Empire, il écoute attentivement un avocat qui plaide d'un ton doucereux contre un malheureux payfan, tandis que celui-ci attend en tremblant, & dans la pofture la plus fuppliante, l'arrêt qui doit décider de fon fort. La Mort développe en ce moment toute fa puiffance ; elle occupe fièrement le fond du Trône, & appuie nonchalemment fon bras fur la couronne du Monarque. L'air irrité avec lequel le Chef de l'Empire regarde l'avocat & fes deux cliens qu'on voit, la tête découverte, à côté de leur défenfeur, eft d'un heureux préfage pour le pauvre opprimé. On voit au bas du Trône le fceptre & le globe de l'Empire pofés fur un couffin. La Mort a placé fon fable fatal à côté de ces attributs d'une grandeur qu'elle peut faire évanouir à fon gré.

N°. 18. LE ROI. On le voit manger en cérémonie, affis fous un dais & fervi par fes grands officiers ; la Mort eft venue fe mettre du nombre, & fait en ce moment l'office d'Échanfon. Elle verfe à boire au Monarque qui lui tend fa large coupe, qu'il va vraifemblablement vuider pour la dernière fois. Ce Prince tient de la main gauche un papier, fans doute un placet qu'on vient de lui remettre.

N°. 19. L'IMPÉRATRICE. Au milieu d'une marche pompeufe, dans la cour d'un vafte palais, la Mort qui paroît faire ici l'office d'Écuyer, amène cette Princeffe jufqu'au bord d'une foffe fépulcrale, pour lui faire voir le terme auquel toutes fes grandeurs viendront aboutir.

N°. 20. LA REINE. La Mort revêtue des habits de la folie, entraine avec violence cette jeune Princeffe, au moment qu'elle fort de fon Palais pour jouïr du plaifir de la promenade ; la terreur peinte fur le vifage elle fait rétentir les airs de fes cris douloureux ; la dame d'honneur qui l'accompagne, agitée du plus violent défefpoir, implore le fecours du ciel, tandis que le bouffon de la Reine fait de vains efforts pour la défendre contre la Mort, qui tient fon fable élevé pour faire voir que l'heure fatale eft arrivée.

PLANCHE VI.

N°. 21. LA DUCHESSE. Sous la figure de deux squelettes hideux, la Mort vient la surprendre, mollement couchée sur un lit élégant. L'un des squelettes la réveille au son d'un violon, tandis que l'autre lui arrache sa couverture en faisant d'effroyables grimaces.

N°. 22. LA COMTESSE. Elle n'est occupée que du soin de sa parure, & reçoit avec empressement, des mains d'une de ses femmes, un habillement très-riche avec une chaîne d'or. La Mort vient troubler sa toilette, & lui a déjà passé autour du cou, sans qu'elle s'en soit encore apperçue, un collier fait de petits os de mort.

N°. 23. LES NOUVEAUX MARIÉS. Dans les premiers transports d'une douce union, ces deux tendres époux paroissent tellement occupés l'un de l'autre, ils sont si enivrés de leur bonheur mutuel, qu'ils ne voient ni n'entendent la Mort qui marche devant eux, en frappant vigoureusement sur un petit tambour, & qui va leur donner bientôt un cruel trouble-fête.

N°. 24. LA CHANOINESSE. L'on voit dans cette jeune & belle recluse, un mélange frappant de galanterie & de dévotion. Agenouillée devant un petit autel, son rosaire à la main, elle écoute amoureusement les chansons qu'un jeune homme, assis sur son lit, lui adresse en les accompagnant de son luth. La Mort vient éteindre les cierges allumés sur l'autel, & changer en amertume les douceurs de ce tête-à-tête.

PLANCHE VII.

N°. 25. LE COMTE. La Mort ajoute ici à l'exercice de son emploi accoutumé celui de vengeur de vassaux opprimés; elle jette avec violence à la tête de ce Seigneur ses armoiries, l'objet chéri de son orgueil, sous le poids desquelles elle va le faire périr. On le voit fouler à ses pieds un fléau pour désigner son inhumanité envers les laboureurs, cette classe de la société si nécessaire & si respectable; on peut encore remarquer à terre, les débris du casque dont ces armoiries étoient surmontées avec d'autres ornemens qui les décoroient.

N°. 26. LE CHEVALIER. Ce preux Chevalier sorti vainqueur de tant de combats & de tant de tournois, vient enfin de trouver son maître. La Mort l'a percé de part en part d'un furieux coup de lance, & se rit des vains efforts qu'il met en usage pour se défendre contr'elle.

N°. 27. Le Gentilhomme. Il fait tout ce qu'il peut pour reculer le moment qui doit le féparer pour toujours de fes poffeffions, & de fon beau château qui paroît dans le lointain; mais la Mort inéxorable a déjà placé près de lui la bière fatale où elle va le faire entrer.

N°. 28. Le Soldat Suisse. Sur un champ de bataille jonché de cadavres, la Mort armée d'un bouclier & d'un grand os, attaque dans le fein de la victoire ce guerrier échappé feul au carnage, & lui porte des coups terribles. C'eft en vain que ce brave Soldat dont la valeur fembloit indomptable, s'acharne à difputer la victoire à un adverfaire auquel rien ne fauroit réfifter. Dans le lointain on apperçoit une autre Mort qui bat du tambour en courrant, & qui eft fuivie de quelques Soldats.

Planche VIII.

N°. 29. Le Juge. Il paroît que ce fuppôt de Thémis, oubliant la dignité de fa place, s'abandonne fans pudeur à l'iniquité. Il tend la main à l'or que cet homme riche va lui donner, fans doute pour en obtenir un jugement favorable, & faire fuccomber le pauvre malheureux qu'on voit dans une attitude craintive à côté du Juge. La Mort vient le furprendre au milieu de fes prévarications, & lui arrache des mains la baguette qui eft la marque de fa dignité.

N°. 30. Le Conseiller. Ce Magiftrat paroît fort occupé à donner en pleine rue à un homme riche, des confeils qu'un petit diable à califourchon fur fon cou lui fouffle aux oreilles, tandis qu'il ne fait aucune attention au pauvre qui lui touche doucement l'épaule, & démande dans l'attitude la plus fuppliante à être écouté. La Mort indignée femble fortir de terre, pour mettre fin à cette converfation intéreffée.

N°. 31. L'Avocat. Ce fujet fe rapporte au N°. 29. L'exemple du Juge femble autorifer l'Avocat à fe faire payer chérement fes prévarications, & cela même en préfence de fon pauvre client qui fe tient dans un certain éloignement, & dont l'état miférable feroit pitié à une ame moins dure que celle de l'homme de loi. Mais la Mort vengera l'opprimé; elle verfe abondamment dans la main de l'Avocat de l'argent dont il ne profitera guère, car elle lui montre en même tems d'un air moqueur fon fable écoulé.

N°. 32. Le Marchand. Echappé aux périls de la mer, arrivé heureusement au port, ce riche Marchand se croit en pleine sécurité; il se trompe. Occupé à compter son argent, à examiner ses marchandises & à traiter de leur vente, un mauvais chaland, la Mort elle-même arrive, & ce n'est que de sa personne qu'elle veut faire emplette.

Planche IX.

N°. 33. Le Colporteur. Courbé sous le poids de sa charge, il avance à grands pas vers le lieu voisin, & trouve du soulagement en rêvant au gain qu'il pourroit y faire; mais la Mort sous la figure de deux squelettes, est venue subitement mettre fin à ses peines & à ses espérances. L'un des squelettes le tire avec force par le bras, tandis que l'autre joue derrière lui de la trompette marine. C'est en vain que le pauvre Colporteur montre des doigts l'endroit où ses affaires l'appellent, cette fâcheuse compagnie paroît vouloir lui faire prendre une autre route.

N°. 34. Le Naufrage. La Mort exerce ici son empire sur un de ses plus fertiles domaines; elle brise elle-même le mât d'un vaisseau violemment agité par la tempête, & jette tous les passagers dans le plus affreux désespoir. On en distingue un seul placé près du mât, qui a conservé cette tranquillité d'ame qu'une bonne conscience accorde dans les plus grands périls aux esprits fermes & courageux; sa tête a tous les traits sous lesquels on représente ordinairement Socrate.

N°. 35. Le Voiturier. On voit ici la Mort exercer ses bizarres fureurs sur un char de vin que conduit un pauvre voiturier. Sans doute que lui-même va dévenir à son tour le jouet de ses caprices, & que la même cause qui vient d'occasionner son désespoir ne tardera pas à le terminer.

N°. 36. Le Laboureur. Si la Mort pouvoit user de quelque considération, qu'elle classe de la société mériteroit mieux d'en être ménagée que celle du Laboureur, sans contredit la plus utile, la plus laborieuse & la plus productive des véritables richesses? Mais elle frappe déjà les chevaux attelés à la charrue de ce cultivateur, & cette ennemie du genre humain ne sauroit lui porter des coups plus sensibles qu'en l'attaquant dans les sources de sa subsistance.

PLANCHE X.

N°. 37. L'AVARE. Le caractère de l'Avare eſt rendu dans ce deſſein avec beaucoup d'énergie. Renfermé dans un caveau qui ne reçoit du jour que par une lucarne garnie d'une double grille d'épais barreaux de fer, il n'eſt occupé que de ſon cher tréſor, dont la Mort lui enlève à ſes yeux un portion très-conſidérable. Cette perte excite en lui tous les ſymptomes du plus violent déſeſpoir, & l'on voit bien que ſon or lui tient cent fois plus à cœur que la vie.

N°. 38. LE VOLEUR DE GRAND CHEMIN. Ce malheureux attaque dans une forêt une payſanne qui revient de la foire, & veut lui enlever ce quelle en rapporte; mais heureuſement pour la pauvre femme, la Mort vient à ſon ſécours, & en ſe ſaiſiſſant du Voleur elle ne prévient peut-être que de quelques jours le bourreau, qui lui auroit fait porter ſur un échaffaut la peine de ſes crimes.

N°. 39. LES YVROGNES. La débauche & ſurtout les excès de la boiſſon fourniſſent ſans ceſſe à la Mort des armes puiſſantes pour exercer ſes ravages. On la voit ici qui entonne le vin à grands flots dans le gozier d'un de ces Yvrognes, & la plus groſſière crapule préſide à cette dégoutante orgie.

N°. 40. LES JOUEURS. Voici une autre compagnie bien digne de la précédente; auſſi le ſort de ceux qui la compoſent eſt-il à peu près le même; il ne diffère qu'en ce que le Diable & la Mort ſe diſputent qui des deux emportera le joueur qui a perdu. C'eſt un combat, s'il eſt permis de le dire, auſſi effroyable que comique, d'autant plus que le ſecond joueur, s'intéreſſant au ſort du premier, addreſſe de ferventes prières au Diable en ſa faveur; mais le troiſième fait encore mieux, & profite de ce moment de trouble & d'effroi, pour ramaſſer l'argent qui ſe trouve ſur la table.

PLANCHE XI.

N°. 41. LE VIEILLARD. L'on voit ici la Mort qui conduit ſur le bord de ſa foſſe, en jouant du pſalterion, un Vieillard courbé ſous le poids des années, & parvenu au dernier dégré de la caducité. Le Vieillard ſe laiſſe emmener avec ce calme & cette tranquillité qui ſont l'apanage de la ſageſſe & les fruits d'une bonne conſcience.

N°. 42. La Vieille. Le viſage rechigné de cette bonne Vieille n'annonce pas la même réſignation que dans le ſujet précédent. Toute occupée à marmotter ſon roſaire, elle ne prête aucune attention au ſon du timpanon dont joue l'une de ſes conductrices. L'autre ſquelette impatient de la lenteur que la bonne Vieille met dans ſa marche, emploie les menaces & les coups pour la faire avancer.

N°. 43. L'Aveugle. Ce pauvre Aveugle ſuit d'un air chagrin ſon nouveau conducteur qui le mène impitoyablement par les plus mauvais chemins; en vain veut-il éviter, en tâtonnant, les obſtacles qui s'oppoſent à ſa marche forcée; il n'évitera pas le terme fatal où la Mort le conduit, & qui ne ſera dans le fond que celui de ſes maux.

N°. 44. Le Mandiant. Dans l'état le plus déplorable, eſtropié, expoſé preſque nud aux injures du tems, il eſt aſſis devant la maiſon d'un homme opulent, dans laquelle il a la douleur de voir entrer pluſieurs perſonnes qui le regardent ſans ſonger à ſoulager ſes peines. La Mort non moins cruelle que bizarre, dont lui ſeul implore le ſecours, & qui pourroit faire ſon bonheur, ſourde à ſes prières, le laiſſe gémir ſous le poids des maux qui l'accablent, tandis qu'elle ſe plaît à arracher de cette vie ceux qui s'y croient heureux, ou qui y tiennent par les liens les plus puiſſans.

Planche XII.

N°. 45. L'Enfant. Si ſous le toit de la pauvreté il y a quelque conſolation, c'eſt d'avoir des enfans dont on peut eſpérer d'être un jour ſoulagé. C'eſt le cas de cette pauvre veuve, mais la Mort n'eſt point de cet avis, & vient de lui enlever le plus petit ſans ſe laiſſer fléchir, ni par ſes prières ni par ſes lamentations.

N°. 46. Le Fou. La Mort l'emmène gaiement en le faiſant danſer au ſon d'une cornemuſe; le Fou qui ne ſait pas ſans doute la cataſtrophe qui l'attend, paroît méditer une malice qui ſera vraiſemblablement la dernière.

Ce couple danſant termine la marche de cette Suite où Holbein a ſû réunir une morale ſalutaire, aux ſaillies les plus gaies & les plus plaiſantes qui contraſtent ſingulièrement avec la triſteſſe du ſujet.

N°. 47. Petite Danse de Morts *fur un fourreau de Poignard.* Quoique cette pièce ne foit pas du format des précédentes, & que Holbein l'ait deffinée pour un cifeleur, les Sujets qu'elle préfente font fi analogues à ce Triomphe de la Mort, dont elle eft pour ainfi dire l'abrégé, qu'on a cru devoir la placer ici. Le format de cet Ouvrage n'a pas permis, vu la longueur du fourreau, de le graver en une feule pièce: mais comme il étoit naturellement partagé en deux dans l'original, on n'a fait autre chofe que de placer l'une au-deffous de l'autre les parties qui fe fuivoient. La première repréfente un roi, une reine & un guerrier; & la feconde une jeune femme, un moine & un enfant, qui danfent bon gré malgré chacun avec une Mort. Malgré la petiteffe de ces figures Holbein leur a donné une expreffion admirable. Le défefpoir du roi, qui laiffe tomber fon fceptre, l'abattement de la reine, qui mène après elle fon petit chien, la fureur du foldat, qui fe met en garde contre la Mort, l'humeur acariâtre de la femme, la réfiftance du gros Moine, qui ne lache point le gobelet qu'il tient dans la main, & la douleur du pauvre enfant, font rendus avec autant d'efprit que de vérité.

EXPLICATION DU TRIOMPHE DES RICHESSES ET DU TRIOMPHE DE LA PAUVRETÉ,

faiſant la 13e. & la 14e. Planche de cette première Partie de l'Oeuvre de Holbein.

On n'a pas cru pouvoir placer plus convenablement ces deux ſujets, que dans cette première Partie de l'Oeuvre de Holbein, à la ſuite de ſon Triomphe de la Mort.

Les Biographes Anglois qui parlent de cet Artiſte, mettent au nombre de ſes plus beaux Ouvrages deux grands Tableaux qu'il peignit en détrempe dans la maiſon des Oſtrelins (*) à Londres; l'un repréſentoit *le Triomphe des Richeſſes*, & l'autre *le Triomphe de la Pauvreté*, ſujets bien analogues à une maiſon conſacrée au Commerce. Les idées lui en furent fournies par ſon grand Protecteur le fameux Chancelier Thomas Morus, & il n'eſt pas ſurprenant qu'elles ſoient ſi ingénieuſes & en même-tems ſi ſingulières, ayant été puiſées dans la riche imagination de l'auteur de l'Utopie.

Le Triomphe des Richesses.

Sur un Char en forme de conque, traîné par quatre chevaux, eſt aſſis Plutus dans une poſture meſquine, & tenant un Trident de la main gauche. Devant lui eſt la Fortune aſſiſe, partie ſur ſa boule, partie ſur un ballot, & tenant de la main droite une voile enflée par le vent, ce qui déſigne ſon inconſtance. On voit ſur ce ballot un grand vaſe, & un tas de pièces d'or que la Déeſſe répand à flots, de la main gauche, ſur deux de ſes favoris qui marchent à côté du Char, & qui tendent en même-tems leurs mains & leurs vêtemens pour recevoir ces dons; devant eux marchent diverſes perſonnes que la Fortune a déjà favoriſées, & qui portent les richeſſes qu'elles en ont reçues; ils ſont ſuivis d'autres perſonnes à qui Plutus paroît montrer la Fortune de la main droite. La *Raiſon*, aſſiſe ſur le devant du Char, à côté de la Déeſſe, tient les rênes des chevaux, ſur l'une deſquelles on lit le mot *Notitia*, l'Intelligence; ſur l'autre on lit le mot *Voluntas*, la Volonté. Le premier cheval de la droite nommé l'*Uſure*, eſt monté par l'*Egalité*; le ſecond, nommé l'*Avarice*, eſt monté par la *Libéralité*, qui le fait avancer en le frappant d'une baguette: à côté du premier cheval de la gauche, nommé *le Contrat*, marche *la Juſtice*; à côté du ſecond, nommé *l'Impoſture*, marche *la Bonne foi*, qui le retient de

(*) On appelloit ainſi une maiſon que les négocians des villes anſéatiques avoient à Londres pour l'utilité de leur négoce, & qui fut conſumée par le feu; les deux Tableaux de Holbein périrent auſſi dans cet incendie.

toutes ſes forces par la bride. Créſus, monté ſur un ſuperbe cheval blanc que le jeune Narciſſe conduit par la bride; Tamiaius, Midas & Cléopatre, tous à cheval, ſuivent le Char, derrière lequel on voit, ſur un nuage, Nemeſis, Déeſſe de la vengence. On lit au haut ſur une banderole quatre beaux vers latins analogues au ſujet.

Le Triomphe de la Pauvreté.

Il eſt repréſenté par une femme preſque nue, les mamelles pendantes, maigre, triſte & abattue, aſſiſe ſur un Chariot à échelles, ſous une eſpèce de baldaquin de chaume ſoutenu par quatre perches adaptées au Chariot; au-deſſus de ce chétif baldaquin on lit ſur une banderole le mot grec *Penia*, qui veut dire la *Pauvreté*. Sur ce même Chariot, en-avant de la *Pauvreté* ſont aſſiſes dans des places moins élevées, la *Mémoire*, la *Pratique* & l'*Induſtrie*; & tout à fait ſur le derrière l'*Infortune*, qui fait marcher à coup de gourdin, à côté du Chariot, une foule d'artiſans & de manœuvres conduits par le *Travail*, & auxquels l'*Induſtrie* diſtribue des outils & des inſtrumens de toute eſpèce. L'*Eſpérance*, aſſiſe ſur le devant du Chariot, conduit les deux bœufs & les deux ânes qui le traînent. A côté du bœuf de la droite, nommé la *Négligence*, marche la *Sollicitude*; à côté de celui de la gauche, nommé la *Pareſſe*, marche le *Travail*: à côté de l'âne de la droite, nommé la *Cupidité*, marche la *Diligence*, qui le fait avancer en le frappant d'un bâton; & à côté de celui de la gauche, nommé l'*Indolence*, marche la *Modération*. Sur une Table ſuſpendue à un arbre on lit des vers latins rimés analogues au ſujet.

Fin de la Première Partie.

Imprimé à Bâle avec des Caractères de G. HAAS chez J. J. TOURNEISEN.

N° 1.

Mors Sceptra Ligonibus æquat.

N° 2.

D'après les dessins de J. Holbein. gravé par Chr.ⁿ de Mechel.

N° 3.

D'après les dessins de J. Holbein gravé par Chr.ⁿ de Mechel.

N° 4.

D'après les dessins de J. Holbein. gravé par Chr.ⁿ de Mechel.

N.o 5.

D'après les dessins de J. Holbein   gravé par Chr. de Mechel

N.o 6.

D'après les dessins de J. Holbein.   gravé par Chr. de Mechel.

N.o 7.

D'après les dessins de J. Holbein   gravé par Chr. de Mechel

N.o 8.

D'après les dessins de J. Holbein   gravé par Chr. de Mechel.

N.° 9.

D'apres les desseins de J. Holbein. gravé par Chr. de Mechel.

N.° 10.

D'apres les desseins de J. Holbein. gravé par Chr. de Mechel.

N.° 11.

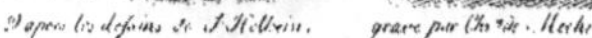

D'apres les desseins de J. Holbein. gravé par Chr. de Mechel.

N.° 12.

D'apres les desseins de J. Holbein. gravé par Chr. de Mechel.

N° 13.

D'après les desseins de J. Holbein. gravé par Chr. de Mechel.

N° 14.

D'après les desseins de J. Holbein. gravé par Chr. de Mechel.

N° 15.

D'après les desseins de J. Holbein. gravé par Chr. de Mechel.

N° 16.

D'après les desseins de J. Holbein. gravé par Chr. de Mechel.

N.° 17.

d'après les desseins de H. Holbein — gravé par Chr. de Mechel

N.° 18.

d'après les desseins de H. Holbein — gravé par Chr. de Mechel

N.° 19.

d'après les desseins de H. Holbein — gravé par Chr. de Mechel

N.° 20.

d'après les desseins de H. Holbein — gravé par Chr. de Mechel

N.º 21.

D'après les desseins de J. Holbein. gravé par Chr. de Mechel.

N.º 22.

D'après les desseins de J. Holbein. gravé par Chr. de Mechel.

N.º 23.

D'après les desseins de J. Holbein. gravé par Chr. de Mechel.

N.º 24.

D'après les desseins de J. Holbein. gravé par Chr. de Mechel.

N.° 25.

D'après les desseins de J. Holbein. gravé par Chr.n de Mechel.

N.° 26.

D'après les desseins de J. Holbein. gravé par Chr.n de Mechel.

N.° 27.

D'après les desseins de J. Holbein. gravé par Chr.n de Mechel.

N.° 28.

D'après les desseins de J. Holbein. gravé par Chr.n de Mechel.

Pl. VIII.

N° 29.

D'apres les desseins de J. Holbein — gravé par Chr. de Mechel.

N° 30.

D'apres les desseins de J. Holbein — gravé par Chr. de Mechel.

N° 31.

D'apres les desseins de J. Holbein. — gravé par Chr. de Mechel.

N° 32.

D'apres les desseins de J. Holbein. — gravé par Chr. de Mechel.

N° 53.

D'après les desseins de J. Holbein. gravé par Chr.ⁿ de Mechel.

N° 54.

D'après les desseins de J. Holbein. gravé par Chr.ⁿ de Mechel.

N° 55.

D'après les desseins de J. Holbein. gravé par Chr.ⁿ de Mechel.

N° 56.

D'après les desseins de J. Holbein. gravé par Chr.ⁿ de Mechel.

Pl. x.

N.° 37.

D'après les desseins de J. Holbein. gravé par Chr. de Mechel.

N.° 38.

D'après les desseins de J. Holbein. gravé par Chr. de Mechel.

N.° 39.

D'après les desseins de J. Holbein. gravé par Chr. de Mechel.

N.° 40.

D'après les desseins de J. Holbein. gravé par Chr. de Mechel.

N.° 41.

D'apres les dessins de J. Holbein. gravé par Chev. de Mechel.

N.° 42.

D'apres les dessins de J. Holbein. gravé par Chev. de Mechel.

N.° 43.

D'apres les dessins de J. Holbein. gravé par Chev. de Mechel.

N.° 44.

D'apres les dessins de J. Holbein. gravé par Chev. de Mechel.

N.º 15.

D'après les desseins de J. Holbein. gravé par Chr.^n de Mechel.

N.º 16.

D'après les desseins de J. Holbein. gravé par Chr.^n de Mechel.

N.º 17.

D'après les desseins de J. Holbein. gravé par Chr.^n de Mechel.

Ioh. Holbein pinx. Londini. Frider. Zuccari delin. 1574.

TRIVMPHVS PAVPERTATIS.

EX MVSEO GEORGII GVILIELMI FLEISCHMANN CONSILIARII INTIMI HASSO-DARMSTADIENSIS

Basileae apud Christianum à Mechel Chalcographum

AVRVM BLANDITIAE PATER EST
NATVSQVE DOLORIS
QVI CARET MOERET
QVI TENET METVIT

LIBERALITAS

RATIO

FORTVNA

PLVTVS

NEMESIS

AVARITIA

IMPOSTVRA

VSVRA

NOTITIA

VOLVNTAS

AEQVALITAS

BONA FIDES — IVSTITIA — SICHAEVS — PYTHIVS — CRISPINVS — THEMISTOCLES — VENTIDIVS — GADARENS — PALLAS — NARCISSVS

Ioh. Holbein pinx. Londini — Frider. Zuccari delin. 1574

TRIVMPHVS DIVITIARVM.

EX MUSEO GEORGII GVILIELMI FLEISCHMANN CONSILIARII INTIMI HASSO-DARMSTADIENSIS.

Basileae apud Christianum à Mechel Chalcographum.

www.ingramcontent.com/pod-product-compliance
Lightning Source LLC
LaVergne TN
LVHW012013160826
845678LV00002B/809

* 9 7 8 2 3 2 9 6 8 4 5 8 1 *